AF269738

LOS MEJORES JUGADORES DE TODOS LOS TIEMPOS

G.O.A.T.
PARADORES EN CORTO
EN EL BÉISBOL

ALEXANDER LOWE

ediciones Lerner • Mineápolis

ediciones Lerner
Una división de Lerner Publishing Group, Inc.
241 First Avenue North
Mineápolis, MN 55401, EE. UU.

Si desea averiguar acerca de niveles de lectura y para obtener más información, favor consultar este título en www.lernerbooks.com.

Fuente del texto del cuerpo principal: Aptifer Sans LT Pro.
Fuente proporcionada por Linotype AG.

Library of Congress Cataloging-in-Publication Data

Names: Lowe, Alexander, author.
Title: G.O.A.T. paradores en corto en el béisbol Alexander Lowe.
Other titles: G.O.A.T. baseball shortstops. Spanish
Description: Minneapolis : ediciones Lerner, 2025. | Series: Los mejores jugadores de todos los tiempos | Includes bibliographical references and index. | Audience: Ages 7–11 | Audience: Grades 2–3 | Summary: "Prepare to answer one of the toughest questions in baseball: Who is the greatest shortstop of all time? The greatest shortstops of all time played incredible defense, excelled with the bat, and led their teams to championships. Learn about the top shortstops in MLB history and create your own ranking of the best players. Go deep with stats and action-packed text to discover the best pro shortstops of the past and present in a fun, top-ten format. Study the evidence for yourself, and research your own G.O.A.T. list. Then have fun convincing your fellow baseball fans that your list is the best! Now in Spanish!"— Provided by publisher.
Identifiers: LCCN 2024021247 (print) | LCCN 2024021248 (ebook) | ISBN 9798765643990 (library binding) | ISBN 9798765661284 (paperback) | ISBN 9798765651629 (epub)
Subjects: LCSH: Baseball players—United States—Biography—Juvenile literature. | Infielders (Baseball)—Rating of—United States—Juvenile literature. | Baseball—United States—History—Juvenile literature. | Baseball—United States—Statistics—Juvenile literature.
Classification: LCC GV865.A1 L6818 2025 (print) | LCC GV865.A1 (ebook) | DDC 796.357092/273 [B]—dc23/eng/20240509

LC record available at https://lccn.loc.gov/2024021247
LC ebook record available at https://lccn.loc.gov/2024021248

Fabricado en los Estados Unidos de América
1-1010983-52433-6/5/2024

CONTENIDO

PARADORES EN CORTO Y SUS ÁGILES MOVIMIENTOS

El lanzador de los New York Yankees echa un vistazo al jugador de los Boston Red Sox en primera base y entonces hace el lanzamiento. El bateador golpea una bola al piso y la lanza al medio del diamante. El parador de corto de Nueva York Derek Jeter se tira para atrapar la pelota. Salta y la arroja a segunda base. El segunda base atrapa la pelota y la lanza a primera. ¡El umpire marca eliminado! Jeter comenzó una doble eliminación que salvó el juego.

DATOS DE INTERÉS

» **BARRY LARKIN** JUGÓ PARA LOS CINCINNATI REDS DURANTE 19 TEMPORADAS.

» **ERNIE BANKS** FUE EL PRIMER JUGADOR DE LA HISTORIA DE LOS CHICAGO CUBS CUYO NÚMERO DE CAMISETA FUE RETIRADO POR EL EQUIPO.

» **DEREK JETER** ES EL ÚNICO QUE GANÓ EL PREMIO AL JUGADOR MÁS VALIOSO (MVP) EN EL JUEGO DE LAS ESTRELLAS Y EL PREMIO MVP EN LA SERIE MUNDIAL EN LA MISMA TEMPORADA.

» **OZZIE SMITH** RECIBIÓ EL APODO DEL MAGO DE OZ.

La Liga Mayor de Béisbol (Major League Baseball, MLB) se inició en 1903. Para ese momento, las personas ya habían estado jugando el deporte durante más de cincuenta años. El juego ha cambiado de muchas maneras desde sus comienzos. Uno de los cambios más grandes se produjo en 1947. Ese año, Jackie Robinson (*derecha*) se convirtió en el primer jugador negro en participar en la MLB. Hasta ese momento, no se permitía la incorporación de jugadores negros a la liga. Muchos de los jugadores negros más grandes de la historia nunca tuvieron la posibilidad de jugar en las ligas mayores.

Los paradores en corto por lo general juegan entre segunda y tercera base. Tienen que ser rápidos para llegar a las bolas que se golpean con fuerza. También deben tener brazos fuertes para arrojar la pelota a través del campo hasta primera base.

Alex Rodriguez fue un parador en corto habilidoso de los Seattle Mariners y los Texas Rangers durante 10 temporadas antes de hacerse cargo de la tercera base para los Yankees.

Con frecuencia, los paradores en corto también son jugadores ofensivos fuertes. Algunos de los mejores usan su velocidad para anotar carreras o runs. Otros son grandes bateadores de hits. Los mejores paradores en corto en la historia del béisbol fueron capaces de hacer ambas cosas.

Es posible que sea difícil hacer un ranking con los más grandes paradores en corto. Muchos grandes jugadores han ocupado esa posición. ¡Los mejores paradores en corto son algunos de los mejores de todos los tiempos!

PEE WEE REESE

Pee Wee Reese era el capitán de los Brooklyn Dodgers en su mejor momento. Los Dodgers ganaron el campeonato de la Liga Nacional siete veces con Reese en el equipo. También los condujo a la victoria en la Serie Mundial en el año 1955. Los Dodgers fueron el mejor equipo de la Liga Nacional y Reese era el alma del equipo.

Reese terminó entre los diez mejores en la votación de MVP de la Liga Nacional en ocho ocasiones. Participó diez veces en el Juego de las Estrellas. Tenía sólidos números ofensivos, pero sus contribuciones fueron mucho más notables que lo que mostraban sus números.

Reese fue un gran defensor. Fue líder en la liga en putouts cuatro veces y en dobles eliminaciones dos veces. Su compañero de dobles eliminaciones durante gran parte de su carrera fue Jackie Robinson, el primer jugador negro que participara en la liga.

ESTADÍSTICAS DE PEE WEE REESE

Promedio de bateo	0,269
Hits	2170
Jonrones	126
Cantidad de RBI	885

OZZIE SMITH

En lo que se refiere a la defensa, quizás no haya habido nunca un mejor parador en corto que Ozzie Smith. Su versatilidad parecía no tener límites. La rapidez y fuerza increíbles de Smith le permitieron lanzarse hacia las bolas por todo el campo. Sus lanzamientos rápidos le ayudaron a arrojar la pelota por el diamante para superar a corredores veloces.

Smith era un favorito de los fanáticos. Algunas veces corría hasta su posición y hacía una vuelta hacia atrás antes de comenzar el juego. El Guante de Oro se entrega al mejor jugador defensivo en cada posición. Smith marcó un récord para los paradores en corto al ganar 13 Guantes de Oro. Era tan bueno que los fanáticos lo llamaban el Mago de Oz.

Aunque era más sólido en defensa, Smith era también un jugador ofensivo de calidad. Acumuló más de 2400 hits durante su carrera. Su mejor momento fue en el año 1987, en el que logró un promedio de bateo de 0,303 y 43 bases robadas.

ESTADÍSTICAS DE OZZIE SMITH

Promedio de bateo	0,262
Hits	2460
Jonrones	28
Cantidad de RBI	793

BARRY LARKIN

Barry Larkin jugó para los Cincinnati Reds durante toda su carrera. El parador en corto fue la estrella del equipo de su ciudad natal durante 19 años. Con su ayuda obtuvieron el título de la Serie Mundial en el año 1990. Fue la cara de los Reds durante toda su carrera.

Larkin fue uno de los mejores defensores en el béisbol. Ganó tres Guantes de Oro y tuvo excelentes estadísticas defensivas durante la mayor parte de su carrera. Tuvo un porcentaje de fildeo en su carrera que estuvo siete puntos por encima del resto de la liga.

La mejor temporada de Larkin fue la de 1995, en la que ganó el premio MVP. Ese año, Larkin bateó con un nivel de 0,319, robó 51 bases y ganó el Guante de Oro. Participó 12 veces en el Juego de las Estrellas. También fue el primer parador en corto en la historia de la MLB con 30 jonrones y 30 bases robadas en la misma temporada.

ESTADÍSTICAS DE BARRY LARKIN

Promedio de bateo	0,295
Hits	2340
Jonrones	198
Cantidad de RBI	960

LUKE APPLING

Durante muchos años, Luke Appling fue conocido como el jugador más grande de la historia de los Chicago White Sox. No logró muchos jonrones, pero tenía regularidad como gran bateador. Era conocido por su capacidad de dirigir la pelota en cualquier dirección. Parecía que siempre la ponía en juego.

Appling se perdió la temporada de 1944 y la mayor parte de la de 1945 para luchar por los Estados Unidos en la Segunda Guerra Mundial (1939–1945). Si no se hubiera perdido esos partidos, es posible que se hubiera convertido en el octavo jugador de la MLB en alcanzar los 3000 hits. En su mejor temporada, fue líder de la liga bateando con un nivel de 0,388.

Muchos paradores en corto tienen que pasar a otra posición cuando se hacen mayores. Jugar en esta posición requiere rapidez y fuerza, que algunos jugadores pierden a medida que envejecen. Appling es uno de los únicos cuatro jugadores que participaron en 100 juegos como paradores en corto con 40 años o más. Jugar durante tanto tiempo le ayudó a convertirse en uno de los verdaderos grandes.

ESTADÍSTICAS DE LUKE APPLING

Promedio de bateo	0,310
Hits	2749
Jonrones	45
Cantidad de RBI	1116

ROBIN YOUNT

Robin Yount tuvo una carrera de 20 años con los Milwaukee Brewers. Ayudó a conducir el equipo a la Serie Mundial de 1982, en la que perdieron ante los St. Louis Cardinals. Muchos consideran que Yount es el jugador de los Brewers más grande de todos los tiempos. El equipo retiró su número de camiseta en 1994. Ningún jugador de los Brewers puede usar el número 19 en el futuro.

Yount tuvo una temporada increíble en el año 1982. Bateó con un nivel de 0,331, marcó 29 jonrones y ganó el premio MVP de la Liga Nacional. Fue líder en la MLB en dobles y hits. También ganó el Guante de Oro. La temporada de 1982 fue la mejor de Yount, y es suficiente para convertirlo en uno de los más grandes de todos los tiempos.

Yount recibió otro premio de MVP en el año 1989. Para entonces, había cambiado de posición a jardinero central. Aun así, Yount jugó la mayor parte de su carrera como parador en corto. Fue elegido para el Salón de la Fama del Béisbol en el año 1999.

ESTADÍSTICAS DE ROBIN YOUNT

Promedio de bateo	0,285
Hits	3142
Jonrones	251
Cantidad de RBI	1406

ALEX RODRIGUEZ

Cuando Alex Rodriguez se unió a los Texas Rangers en 2001, su contrato marcó un récord por ser el más abultado de la historia de la MLB. El equipo reconocía su grandeza. Pensaban que el poderoso parador en corto era uno de los mejores jugadores de la liga que habían visto.

Cuando Rodriguez tenía 20, bateaba con un nivel de 0,358 con 36 jonrones y 123 RBI. Fue segundo en los votos para MVP ese año, y su carrera continuó mejorando a partir de entonces. Rodriguez fue nombrado MVP tres veces. Participó 12 veces en el Juego de las Estrellas. Terminó su carrera con 696 jonrones y más de 3000 hits.

En el año 2004, Rodriguez se unió a los Yankees. En la temporada de 2014 fue suspendido por consumir esteroides, es decir, fármacos para mejorar el rendimiento. Eso puede ser suficiente para que los votantes lo mantengan fuera del Salón de la Fama. Aun así, por el impacto que tuvo en el juego, no podría haber una lista completa de los G.O.A.T. sin él.

ESTADÍSTICAS DE ALEX RODRIGUEZ

Promedio de bateo	0,295
Hits	3115
Jonrones	696
Cantidad de RBI	2086

Ernie Banks era conocido como Mr. Cub. Jugó durante largo tiempo en un equipo no tan importante llamado Chicago Cubs, pero su juego mantenía la pasión de los aficionados aunque el equipo tuviera dificultades. Ganó premios seguidos de MVP en los años 1958 y 1959.

Banks fue uno de los primeros paradores en corto con bateo poderoso. Antes de Banks, la mayoría de los paradores en corto se centraba en batear para el promedio. Banks era lo suficientemente rápido como para fildear la posición, pero también tenía un golpe con mucha potencia. Terminó su carrera con 512 jonrones. Es uno de solo dos paradores en corto que hizo más de 500 hits en su carrera. Posteriormente, Banks pasó a ocupar el puesto de primera base después de algunas lesiones en la rodilla que lo volvieron más lento.

Banks fue la primera estrella negra del béisbol en Chicago. Fue una figura muy importante para la equidad racial en la MLB. Después de su carrera como jugador, Banks se convirtió en uno de los primeros hombres negros en ser manager de un juego de la MLB. Su número de camiseta fue el primero que se retiró de los Cubs.

ESTADÍSTICAS DE ERNIE BANKS

Promedio de bateo	0,274
Hits	2583
Jonrones	512
Cantidad de RBI	1636

CAL RIPKEN JR.

Cal Ripken Jr. será siempre recordado por marcar un récord extraordinario. Desde junio de 1982 hasta septiembre de 1998, no estuvo ausente ni un solo partido. La racha de Ripken superó el récord marcado en la década de 1930 por Lou Gehrig. Por este récord, Ripken se hizo conocido como el Hombre de Hierro.

En sus 21 años en la liga, Ripken fue un participante del Juego de las Estrellas el increíble número de 19 veces. Era muy respetado por los demás jugadores de la liga. Se pasó a tercera base posteriormente en su carrera, pero siempre fue conocido como parador en corto. En el partido final de Ripken en un Juego de las Estrellas, jugó de tercera base. El parador en corto inicial del partido, Alex Rodriguez, insistió en que Ripken cambiara de posición con él para honrar la carrera de Ripken como parador en corto.

Ripken ganó el premio MVP en 1983 y 1991. En la temporada de 1991, su nivel de bateo fue de 0,323 y tuvo 34 jonrones. Es probable que haya sido la mejor temporada de su carrera.

ESTADÍSTICAS DE CAL RIPKEN JR.

Promedio de bateo	0,276
Hits	3184
Jonrones	431
Cantidad de RBI	1695

DEREK JETER

Derek Jeter comenzó a jugar para los Yankees de Nueva York en 1996. Durante casi dos décadas, fue el jugador más famoso del equipo más famoso de la MLB. Jeter fue conocido por destacarse en los momentos más importantes. Ganó cinco campeonatos de la Serie Mundial. Su rendimiento en esos juegos le valieron el sobrenombre de Capitán Clutch.

Es probable que la temporada del año 2000 haya sido la mejor de Jeter. Fue un año especial para los Yankees y su parador en corto. Los Yankees ganaron la Serie Mundial y Jeter fue el mejor jugador del equipo. Ese año, Jeter se convirtió en el único jugador que ganó el premio MVP en el Juego de las Estrellas y el premio MVP en la Serie Mundial en la misma temporada.

Jeter era famoso por sus lanzamientos con salto desde el jardín izquierdo. Cuando se golpeaba una bola al piso entre las posiciones del parador en corto y el tercera base, Jeter con frecuencia atrapaba la pelota en el jardín o campo exterior. Entonces saltaba en el aire, hacía una contorsión y lanzaba a primera base, todo en un movimiento. La habilidad de Jeter influyó en toda una generación de futuros paradores en corto.

ESTADÍSTICAS DE DEREK JETER

Promedio de bateo	0,310
Hits	3465
Jonrones	260
Cantidad de RBI	1311

HONUS WAGNER

Honus Wagner fue una de las primeras superestrellas del béisbol. Comenzó su carrera en la década de 1800 en los Louisville Colonels. Pero tuvo su mayor impacto en el béisbol con los Pittsburgh Pirates. El estilo de juego fascinante de Wagner con los Pirates ayudó a la MLB a hacerse popular. A los aficionados les encantaba mirar jugar al parador en corto superestrella. Sin Wagner dominando el diamante, es posible que la MLB nunca hubiera alcanzado la popularidad que tiene hoy en día.

La MLB tiene una estadística que se llama victorias por encima del reemplazo (WAR), que mide hasta qué punto es mejor un jugador comparado con un jugador promedio de la liga en la misma posición. Wagner es el líder de todos los tiempos en WAR entre los paradores en corto. Muchos argumentan que es el mejor jugador de todos los tiempos.

Los números que muestran la potencia de Wagner no son tan impresionantes como los de otros jugadores de esta lista. Nunca hizo más de 10 jonrones en una temporada. En la época en la que jugaba, el deporte era diferente y los jugadores hacían pocas carreras. Pero Wagner con frecuencia era el líder de la liga en dobles, triples y RBI. Su impacto en el juego y sus habilidades increíbles convirtieron a Wagner en el G.O.A.T.

ESTADÍSTICAS DE HONUS WAGNER

Promedio de bateo	0,328
Hits	3420
Jonrones	101
Cantidad de RBI	1732

AÚN MÁS G.O.A.T.

Muchos otros grandes jugadores han ocupado la posición de parador en corto. Reducirlos a los 10 más grandes de todos los tiempos es difícil. Aquí hay más jugadores que casi llegan a la lista de los 10 mejores.

Nro. 11	LOU BOUDREAU
Nro. 12	ALAN TRAMMELL
Nro. 13	JOE CRONIN
Nro. 14	ARKY VAUGHN
Nro. 15	OMAR VIZQUEL
Nro. 16	LUIS APARICIO
Nro. 17	NOMAR GARCIAPARRA
Nro. 18	VERN STEPHENS
Nro. 19	JOE SEWELL
Nro. 20	GEORGE DAVIS

TU G.O.A.T.

Es tu turno de hacer una lista de los G.O.A.T. con los mejores paradores en corto. Empieza por investigar. Considera las clasificaciones de este libro. A continuación, consulta la sección Más Información en la página 31. Explora los libros y sitios web para aprender más sobre los paradores en corto del pasado y del presente.

También puedes buscar en Internet más información sobre grandes paradores en corto. Consulta a un bibliotecario, que puede tener otros recursos para ti. Incluso puedes intentar ponerte en contacto con equipos o jugadores de béisbol para ver qué opinan.

Una vez que hayas terminado, haz tu lista de los mejores paradores en corto de todos los tiempos. A continuación, pide a tus conocidos que hagan listas de sus G.O.A.T. y compárenlas. ¿Tienes jugadores que nadie incluyó en la lista? ¿Te falta alguno que tus amigos consideren importante? ¡Háblales e intenta convencerlos de que tu lista es la G.O.A.T.!

GLOSARIO

base robada: cuando un corredor avanza a una base sin que se haya golpeado la pelota

diamante: el cuadro interior de un campo de béisbol que tiene la forma de un diamante

doble: un hit que permite al bateador llegar a segunda base

doble eliminación: un juego en el cual se elimina a dos jugadores

Juego de las Estrellas: un partido para distinguir a los mejores jugadores de la MLB de cada temporada

porcentaje de fildeo: un número al que se llega dividiendo la cantidad de oportunidades de fildeo por la cantidad de putouts

promedio de bateo: una estadística a la que se llega dividiendo la cantidad de veces en el bate por la cantidad de hits

putout: cuando un defensor pone fuera a un corredor en las bases o bateador

RBI: una carrera en béisbol que está impulsada por un bateador

triple: un hit que permite al bateador llegar a tercera base

WAR: victorias por encima del reemplazo, una estadística que hace el seguimiento del valor de un jugador en comparación con un jugador promedio

MÁS INFORMACIÓN

Baseball Hall of Fame
https://baseballhall.org/

Baseball: The Shortstop
https://www.ducksters.com/sports/baseball/shortstop.php

Burrell, Dean. *Baseball Biographies for Kids: The Greatest Players from the 1960s to Today.* Emeryville, CA: Rockridge Press, 2021.

Ernie Banks
https://kids.britannica.com/kids/article/Ernie-Banks/399353

Fishman, Jon M. *G.O.A.T. en el béisbol: Babe Ruth, Mike Trout y más.* Mineápolis: ediciones Lerner, 2023.

Monson, James. *Behind the Scenes Baseball.* Mineápolis: Lerner Publications, 2020.

ÍNDICE

CRÉDITOS POR LAS FOTOGRAFÍAS